DATE DUE

MAR 1 8 2009		
OCT 2 6 2009		
FEB 2 6 2010		

Demco, Inc. 38-293

SABER PARA VIVIR

DROGAS

EDITA

Nova Galicia Edicións, S.L.
Avda. Ricardo Mella, 143 Nave 3
36330 – Vigo (España)
Tel. +34 986 462 111
Fax. +34 986 462 118
http://www.novagalicia.com
e-mail: novagalicia@novagalicia.com

© **Nova Galicia Edicións, S.L.**
© **Carlos del Pulgar Sabín**
© **César Pereiro Gómez**

Depósito legal: VG 779-2007
ISBN colección: 978-84-96293-93-9
ISBN volumen: 978-84-96950-36-8

IMPRESIÓN
Artes Gráficas Diumaró

■ ■ ■

EDITOR
CARLOS DEL PULGAR SABÍN

DIRECCIÓN Y COORDINACIÓN
ELISARDO BECOÑA IGLESIAS

AUTOR DEL LIBRO
CÉSAR PEREIRO GÓMEZ

FOTOGRAFÍA
XULIO GIL RODRÍGUEZ

DISEÑO Y MAQUETACIÓN
NOVA GALICIA EDICIÓNS

INFOGRAFÍA
NOVA GALICIA EDICIÓNS

TRADUCCIÓN Y REVISIÓN LINGÜÍSTICA
NOVA GALICIA EDICIÓNS

Las imágenes que aparecen en este libro han sido tomadas en situaciones ficticias, creadas expresamente para ello. No corresponden a comportamientos habituales de las personas que aparecen en ellas.

Nova Galicia Edicións agradece la colaboración de todas las personas que han participado desinteresadamente en la realización de las fotografías.

DROGAS

César Pereiro Gómez

NOVA GALICIA EDICIÓNS

SABER PARA VIVIR

Títulos de la colección

TABACO

ALCOHOL

DROGAS

VIOLENCIA ESCOLAR

SEXUALIDAD

ADICCIÓN A NUEVAS TECNOLOGÍAS

EMOCIONES Y SENTIMIENTOS

ESTUDIAR MEJOR... TODO UN DEPORTE

CONSUMISMO

¿POR QUÉ NO ME ENTIENDEN MIS PADRES?

GLOBALIZACIÓN

AUTOESTIMA

ÍNDICE

¿Qué son las drogas?

Llamamos droga a cualquier sustancia que, una vez introducida en el organismo, por medio de distintas formas de consumo (se pueden fumar, inyectar, esnifar o sencillamente tragar), tiene capacidad para alterar o modificar las funciones corporales, las sensaciones, el estado de ánimo o las percepciones sensoriales (vista, oído, tacto, gusto, olfato).

La diana principal de los efectos de estas sustancias va a ser el cerebro, al cual afectarán modificando su funcionamiento. Pero además, otras dos características son importantes para atribuir a una sustancia la etiqueta de droga y éstas son la capacidad para producir tolerancia farmacológica y dependencia. A mayores, otra característica de las drogas es su capacidad para producir daños.

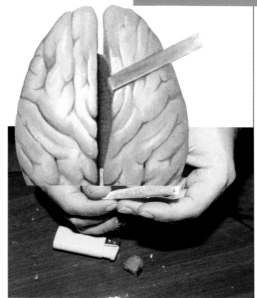

▶▶▶ Existen muchos tipos o clases de drogas. Algunas son legales, por ejemplo el alcohol, el tabaco o determinados medicamentos; otras son ilegales como el cannabis, la cocaína o la heroína... claro que, como veremos más adelante, si una sustancia es legal o no, para nada condiciona que su uso produzca mayores o menores daños para la salud de quien la consume.

Factores que intervienen en los efectos de las drogas

Los efectos de las drogas no sólo dependen de cuáles sean éstas, sino además de quién las toma, cómo las toma, cuándo las toma y dónde las toma. Aunque esto parezca extraño, realmente es así. Veámoslo a continuación.

Por lo que a las sustancias ilegales se refiere, es muy importante lo que se denomina pureza de las mismas, es decir, la cantidad de principio activo que realmente contienen (no debemos olvidar que los traficantes, para obtener mayores beneficios con la venta de drogas, añaden a éstas distintas sustancias que denominamos adulterantes y que tienen efectos distintos a los de las propias drogas).

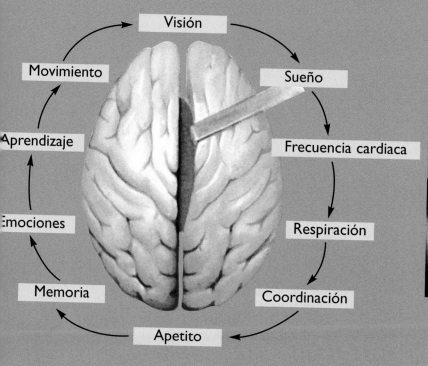

- Visión
- Sueño
- Frecuencia cardiaca
- Respiración
- Coordinación
- Apetito
- Memoria
- Emociones
- Aprendizaje
- Movimiento

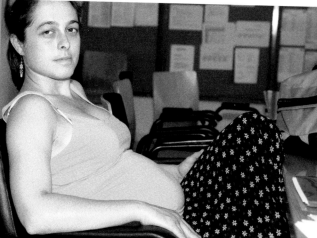

▶▶▶ Algunas circunstancias, por ejemplo el embarazo, condicionarán que el consumo de drogas (de cualquier tipo de droga) se convierta en un mayor peligro, tanto para la madre como para el hijo que va a nacer. El daño que las drogas pueden producir al feto durante el embarazo se denomina efectos teratogénicos o toxicidad fetal.

▶▶▶ Da igual que hablemos de drogas legales o ilegales, también la dosis, es decir, la cantidad que se consume de las mismas, tiene gran importancia en el efecto observado tras el consumo. Es fácilmente comprensible que el resultado de consumir una botella de vino sea claramente más intenso y afecte más a nuestra capacidad de conducción que tan sólo haber tomado un vaso.

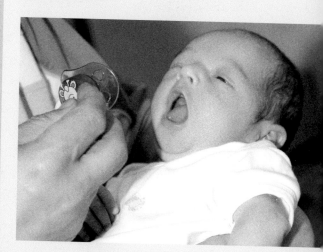

Las características de quien consume cualquier droga son otras de las variables que intervienen con claridad en el efecto que producen. No todas las personas tienen la misma capacidad para tolerar los efectos de las drogas.

Existe una vulnerabilidad o sensibilidad personal de forma que algunos individuos con pequeñas cantidades de drogas van a notar mucho más los efectos que otras personas con cantidades mayores.

Aún más, por esa vulnerabilidad que antes señalábamos, algunos jóvenes van a desarrollar de forma más rápida o fácil la enfermedad que las drogas pueden llegar a producir, la drogodependencia.

▶▶▶ La situación fisiológica de quien consume drogas también tiene mucha importancia. Parece fácil esperar que el consumo de drogas en una persona que ya padece determinadas enfermedades tenga consecuencias mucho más negativas que tratándose de una persona sana. Por ejemplo, si una persona tiene una enfermedad del hígado, el consumo de alcohol le producirá mayores daños, incluso con la ingestión o toma de cantidades menores. Del mismo modo, si alguien padece algún tipo de trastorno psiquiátrico, el consumo de drogas agravará y complicará mucho la enfermedad ya padecida.

La edad del consumidor también tiene suma importancia por varias razones. Una de ellas, y muy importante, es que los efectos que las drogas pueden producir son mucho más graves si quienes las consumen tienen pocos años.

Recientemente, los científicos han descubierto que las alteraciones que las drogas producen en el cerebro son especialmente graves en personas jóvenes (en las que su sistema nervioso todavía está desarrollándose y en proceso de maduración), por eso es muy importante intentar a toda costa retrasar el primer contacto con cualquier droga.

Como regla general, cuantos más años tenga una persona cuando inicia el consumo de drogas, la afectación cerebral será menos importante sobre todo en lo que atañe al desarrollo de una posible dependencia.

▶▶▶ **Una variable de suma importancia es la frecuencia de consumo, es decir, las veces que se reitera el consumo. Es fácil entender que la repetición del consumo un mayor número de veces supondrá mayores problemas y también más posibilidades de llegar a padecer los distintos daños, de todo tipo, que las drogas pueden causar.**

Las drogas en la historia

El consumo de drogas es tan antiguo como lo es la propia historia del hombre y es bien conocida la convivencia, desde hace miles de años, entre hombres y drogas, ya que estas últimas siempre han estado presentes en la naturaleza.

En algunas épocas, determinadas drogas incluso desempeñaron un papel importante para algunas sociedades.

Los historiadores describen, por ejemplo, el gusto de los griegos de la Grecia Clásica por el vino (incluso tenían un dios consagrado al vino, Dionisos), que utilizaban sobre todo como medio para mejorar el estado de ánimo y la búsqueda de placer.

Los Symposia eran reuniones en las que se vivía y se bebía, en estas reuniones tenían lugar las discusiones filosóficas y los debates políticos, de este modo el alcohol era

un instrumento que "ayudaba a pensar". En Asia existió una secta denominada "hashishins", en la que utilizaban el cannabis para "experimentar las recompensas de la otra vida", debido a sus propiedades alucinógenas. En América, en la época de los Incas, la planta de coca ocupaba un importante lugar, se creía que era "un regalo del Sol" a las clases altas de la sociedad.

En la Edad Media las brujas realizaban unas mezclas con belladona, beleño y mandrágora que se frotaban en la piel u otras partes del cuerpo para ser absorbidas. Los efectos de esta mezcla eran la sensación de volar, salir del cuerpo, o transformarse en diversos animales; probablemente sea de aquí de donde proviene la imagen que todos conocemos de la bruja volando en su palo de escoba.

A lo largo de la historia podemos observar mu-

▶▶▶ Es digno de señalar el extremismo de algunas tribus primitivas de Siberia, que llegaban a consumir el hongo Amanita Muscaria, que tiene efectos alucinógenos pero que al mismo tiempo es una seta extremadamente venenosa, con capacidad para matar a quien la consume.

▶▶▶ También se han utilizado diversas drogas como la cocaína, el opio, etc., como analgésicos y anestésicos, cumpliendo por tanto fines medicinales (por ejemplo para el tratamiento del dolor o la anestesia), ya que en algunas épocas de la historia no ha habido más remedio que utilizar ciertas sustancias con fines terapéuticos porque no se disponía de otros medicamentos como los que actualmente tenemos. Además, se desconocían los posibles daños derivados de su uso tal como hoy los hemos llegado a conocer, etc.

chos ejemplos sobre la utilización de las distintas drogas, bien es cierto que, en muchos casos, con intenciones sustancialmente distintas a las que se observan hoy en día.

De todos modos, es preciso destacar que desde hace muchos años sabemos de los daños que algunas drogas, como el alcohol o el tabaco, pueden causar y que muchas personas han llegado a padecer, con el conocimiento generalizado a nivel social de que esto era así, sin que se consiguiese poner freno o reducir el consumo según hubiera sido deseable. Esto ha sido así por muchas razones y algunas las analizaremos a continuación.

En todo caso existe una causa poderosa para que muchas drogas sigan teniendo tanta presencia en nuestra sociedad y esta razón es la enorme cantidad de dinero que se moviliza en torno al consumo de las distintas drogas. Los beneficios que las ventas pueden generar, para un reducido grupo de personas sin escrúpulos, aun a costa de producir perjuicios a otras muchas, son un factor determinante del consumo en toda la historia.

¿Por qué la gente toma drogas?

No hay una única respuesta a esta pregunta ya que las personas somos diferentes y, por consiguiente, cada persona persigue algo distinto cuando consume drogas.

Podríamos afirmar que los motivos para interesarse por las drogas son tan variados como las personas que las consumen. Veamos algunos:

- por el placer que producen sus efectos inmediatos.
- porque los demás las consumen.
- por probar qué efectos producen y vivir nuevas experiencias.
- porque hoy en día en todas partes es fácil obtener drogas.
- por rebeldía frente a las normas de los mayores.
- por evadirse de la realidad.

▶▶▶ También por la presión publicitaria. Aunque cada vez en menor medida, el consumo de drogas legales (también de algunas ilegales) ha estado muy asociado con la presión publicitaria a través de anuncios en todo tipo de medios de comunicación o por medio de otro tipo de estrategias publicitarias.

En todo caso, parece que, en la mayoría de las ocasiones, son varias de las circunstancias antes mencionadas las que propician que algunas personas, sobre todo jóvenes, consuman drogas en aisladas ocasiones.

Por suerte, en muchos casos, no llegará a ser un consumo problemático o con serias consecuencias. En otros casos, sin embargo, el consumo llegará a ser habitual y por consiguiente problemático en mayor medida ya que se asociará a consecuencias ne-

gativas. Los daños, como veremos más tarde, pueden derivarse de los efectos inmediatos de las drogas, de su influencia sobre nuestro estado físico y de nuestra conducta, o también podrán deberse a la repetición del consumo que puede llegar a generar dependencias de distintos tipos con consecuencias graves para la salud y otras áreas de la vida de quien sufre este problema (problemas familiares, laborales, legales, etc.).

▶▶▶ Sin duda la pérdida de libertad para decidir si uno consume o no lo hace es una de las consecuencias más graves del consumo y sería una circunstancia más para añadir a la lista de las razones para explicar por qué algunas personas consumen drogas. Dicho de otra manera, algunos consumen drogas porque han llegado a hacerse dependientes de ellas.

Estadísticas de consumo

Existen varias formas o instrumentos para intentar conocer cuál es la situación en relación con el consumo de drogas en un determinado país o zona geográfica.

Una de las más utilizadas son las encuestas. Por medio de ellas se puede determinar cuáles son las drogas más consumidas, en qué edades de la vida, qué opiniones hay en torno a ellas, si su consumo se considera peligroso o no, etc. Los datos que nos proporcionan las encuestas se pueden complementar con otros obtenidos a través de distintas fuentes de información, tales como las solicitudes de tratamientos por problemas de consumo, el número de fallecidos por reacciones agudas tras el consumo de drogas (sobredosis), etc. y de este modo llegar a estimar de forma muy precisa cuál es el alcance de los problemas asociados al consumo de las distintas sustancias para tratar de hacerles frente planificando distintas acciones preventivas, asistenciales, etc.

La ONU publica anualmente un informe sobre consumo de drogas en todo el mundo que muestra datos de encuestas sobre consumo, solicitudes de tratamiento, cultivo e incautaciones de drogas, etc. En los gráficos 1 y 2, que se muestran a continuación, se evidencian algunos de los datos del Informe sobre Drogas el año 2006.

Preocupa en algunas encuestas, realizadas en distintos países, además del importante porcentaje de jóvenes que dice consumir drogas (prevalencia de consumo), la baja percepción del riesgo que muchos de ellos manifiestan. Dicho de otro modo, para muchos jóvenes en distintos lugares del mundo, el consumo de drogas no representa graves riesgos para la salud y la mayoría de las investigaciones demuestran que precisamente esa baja preocupación por las posibles consecuencias del consumo es uno de los factores más importantes a la hora de justificar que éste se lleve a cabo.

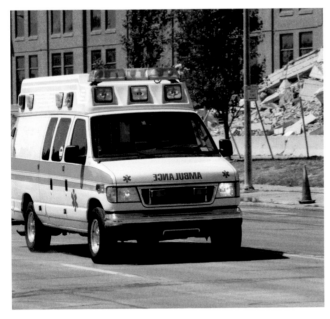

Encuestas similares a las comentadas anteriormente se efectúan desde hace años en distintos países de todo el mundo, ya sea en población general o en centros escolares. Uno de los datos más llamativos de algunas de las últimas encuestas realizadas en algún país es la baja percepción del riesgo, en relación con el consumo de algunas drogas ilegales, como el cannabis, para el que muchos encuestados perciben un riesgo por su uso similar al de otras sustancias como el tabaco.

En los gráficos que vienen a continuación se muestran datos referidos al consumo problemático de drogas ilegales que abarca unos 25 millones de personas en todo el mundo, es decir, un 0,6% (de la población que tiene entre 15 y 64 años).

Es muy importante no perder de vista en ningún

momento, según muestran los gráficos que nos proporciona la ONU, que las drogas legales (el tabaco en el Gráfico I, adjunto en la siguiente página) son las más consumidas y consecuentemente también las que provocan mayores problemas sanitarios. En todo caso merece la pena destacar el incremento del consumo de cannabis, un dato constante a nivel mundial, que cada vez podría provocar mayores problemas para la salud según muchos expertos están advirtiendo. Aunque no es un dato constante a nivel mundial, es preciso señalar como la cocaína está incrementanto también su consumo de forma incluso espectacular en algunos países del continente europeo y este aumento se ve acompañado de importantes y negativas repercusiones para la salud de quienes consumen esta droga.

Consumo de drogas ilícitas a nivel mundial

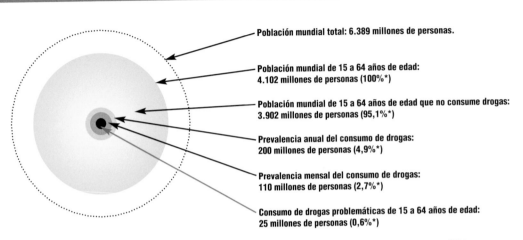

Población mundial total: 6.389 millones de personas.

Población mundial de 15 a 64 años de edad:
4.102 millones de personas (100%*)

Población mundial de 15 a 64 años de edad que no consume drogas:
3.902 millones de personas (95,1%*)

Prevalencia anual del consumo de drogas:
200 millones de personas (4,9%*)

Prevalencia mensual del consumo de drogas:
110 millones de personas (2,7%*)

Consumo de drogas problemáticas de 15 a 64 años de edad:
25 millones de personas (0,6%*)

(porcentaje de la población mundial de 15 a 64 años de edad)   Fuente: Informe mundial sobre las drogas 2006. ONU.

Consumo comparado de drogas ilícitas y tabaco

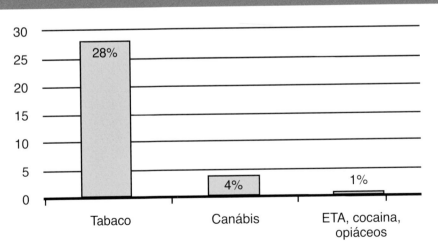

(porcentaje de la población mundial de 15 a 64 años de edad)   Fuente: Informe mundial sobre las drogas 2006. ONU.

¿Cómo actúan las drogas en nuestro cerebro?

Las investigaciones realizadas por los científicos en los últimos años nos han permitido conocer más profundamente cómo actúan las drogas en el cuerpo humano y por qué las personas acaban enfermando en relación con su consumo.

▶▶▶ Los grandes avances conseguidos en el campo de la investigación en neurociencias nos permiten conocer cómo las drogas afectan a nuestro cerebro y por qué, precisamente a partir de los efectos en esa parte del cuerpo humano, se genera la drogodependencia, una enfermedad que puede afectar de forma grave a la conducta con importantes consecuencias para la salud de las personas que la padecen.

El cerebro es el ordenador del cuerpo humano

Tanto las personas como los animales tienen cerebro. Pero el cerebro de los humanos es único porque nos da el poder de reflexionar, hablar, soñar, crear obras de arte o componer una canción. El cuerpo humano es una máquina extraordinariamente compleja y todos sus componentes actúan de una manera sincronizada y ordenada. De este modo, los distintos órganos (corazón, pulmones, etc.), aparatos (respiratorio, digestivo, etc.) y sistemas (nervioso, hormonal, etc.) actúan de manera coordinada desarrollando cada uno de ellos las funciones que les corresponden.

Como todas las máquinas sofisticadas y complejas, existe en el cuerpo humano un centro de operaciones que se encarga de que todo transcurra en perfecto orden, algo así como un ordenador central o sala de mando. El cerebro, una importante parte del sistema nervioso localizado en el cráneo, es el que desempeña precisamente esas funciones de dirección y coordinación al igual que haría un potente ordenador.

Funcionamiento del cerebro

Siguiendo con la comparación entre un cerebro y ordenador, este último lo que hace básicamente es procesar la información que nosotros introducimos en el mismo a través del teclado u otros aparatos periféricos (un escáner, una cámara fotográfica, un ratón, un mando para videojuegos, etc.).

El cerebro se comporta de una manera similar y procesa toda la información que le llega a través de los órganos de los sentidos (la vista, el olfato, el oído, etc.), y también la que le llega del propio cuerpo (temperatura, frecuencia cardiaca, postura, movimientos, etc.).

Con toda la información que recibe, nuestro cerebro emite órdenes que son las que en definitiva posibilitan el buen funcionamiento del cuerpo para las tareas que tenemos que realizar en nuestra vida diaria (alimentarnos, estudiar, jugar, etc.).

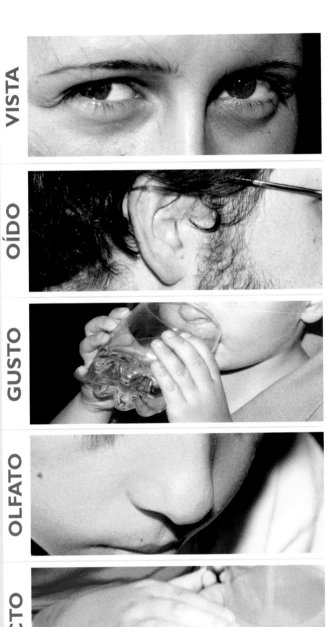

VISTA

OÍDO

GUSTO

OLFATO

TACTO

La comunicación entre las neuronas, las células especializadas del sistema nervioso

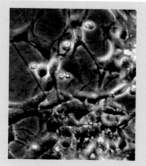

▶▶▶ Las células especializadas del cerebro y el sistema nervioso son las neuronas, cuya función principal es transmitir información en forma de impulsos nerviosos de naturaleza eléctrica. Esta información puede incluir todo tipo de cosas, como tu decisión de mover una mano o las emociones que sientes cuando escuchas una canción, ves una película, etc.

▶▶▶ Para eso tienen una estructura característica con prolongaciones que salen de su cuerpo central (los axones y las dendritas) y que les permiten comunicarse con otras neuronas fácilmente. Se trata en este caso de unas células tan especializadas que, a diferencia de otras, incluso han perdido la capacidad de reproducirse, de modo que si una neurona se destruye no puede ser sustituida por otra "nueva".

Todos los organismos están formados por células que se unen para formar tejidos, órganos y sistemas de una manera absolutamente sorprendente. Así, cada órgano de nuestro cuerpo suele tener un tipo de células especializadas (los hepatocitos en el hígado, los glóbulos rojos en la sangre, etc.).

Señalábamos anteriormente que una de las funciones básicas de las neuronas es transmitir mensajes en forma de impulsos nerviosos (pequeñas corrientes eléctricas) a otras neuronas. Esa comunicación entre neuronas o unión se denomina SINAPSIS NEURONAL. En síntesis, una sinapsis neuronal estaría formada por la parte terminal de un axón o dendrita que llamamos NEURONA PRESINÁPTICA. Entre esta neurona y la siguiente, a la que se transmitirán los impulsos nerviosos o corrientes eléctricas, existe un espacio libre de contacto denominado ESPACIO INTERSINÁPTICO. La neurona con la que se establecerá comunicación se llama NEURONA POSTSINÁPTICA.

Los impulsos nerviosos, que se propagan por las neuronas a modo de pequeñas corrientes eléctricas de corta duración, provocan la liberación de unas sustancias (NEUROTRANSMISORES) que se encuentran almacenadas en unas bolsas o vesículas en las neuronas presinápticas, al verterse éstas al espacio intersináptico contactan con unos lugares existentes en las neuronas postsinápticas que se denominan RECEPTORES y que son los que van a transmitir los impulsos nerviosos a otras neuronas, produciendo determinados efectos en el cerebro y por tanto en la conducta, las emociones, etc. Así pues, los neurotransmisores son sustancias producidas y almacenadas en las neuronas que se liberan durante el proceso de comunicación o transmisión neuronal. Una vez contactado con las neuronas postsinápticas de nuevo son recuperadas para las neuronas de donde salieron a través de un mecanismo que se denomina recaptación.

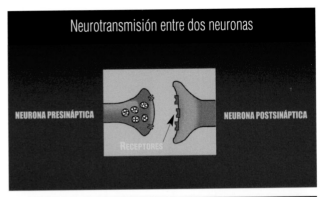

Neurotransmisión entre dos neuronas

NEURONA PRESINÁPTICA   NEURONA POSTSINÁPTICA

RECEPTORES

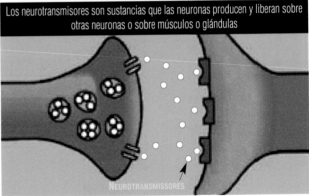

Los neurotransmisores son sustancias que las neuronas producen y liberan sobre otras neuronas o sobre músculos o glándulas

NEUROTRANSMISSORES

¿Y qué relación tiene toda esta explicación con lo que ocurre con las drogas?

▶▶ Pues muy sencillo: cada una de las drogas adictivas actúa imitando o bloqueando los efectos de alguna de las sustancias que utilizan las neuronas en el cerebro para comunicarse entre sí. Por ejemplo, la cocaína bloquea la recaptación de dopamina (uno de los neurotransmisores cerebrales) y eso supone que ésta va a estar más tiempo en contacto con la neurona postsináptica produciendo efectos o enviando señales a la neurona postsináptica, en este caso estimulándola o excitándola.

Hay muchas formas naturales de desencadenar la liberación de dopamina por parte de las neuronas de una parte del cerebro que denominamos "centro de recompensa", formas que van desde los logros intelectuales hasta los atléticos pasando por disfrutar de una canción, una buena comida o mantener una relación sexual.

La dopamina: "la droga del cerebro"

Es muy importante conocer lo que es la dopamina. La podríamos llamar la droga del cerebro, ya que es un neurotransmisor, es decir, una sustancia de las que se producen y almacenan en el cerebro, pero con unas características muy especiales, entre ellas, que su liberación produce placer.

Todas las drogas tienen la capacidad de producir una liberación de dopamina a menudo mucho más intensa y agradable que la que se produce en condiciones naturales en alguna de las situaciones antes descritas. De ahí que muchos consumidores de drogas deseen volver a experimentar ese placer, lo cual desemboca en un círculo vicioso que puede acabar generando una enfermedad, la drogodependencia.

De acuerdo con la Teoría de la Evolución, el centro de recompensa juega un papel vital en la supervivencia de las especies. La dopamina es el neurotransmisor más importante de esta área. El centro de recompensa despierta sentimientos de placer cuando comes, bebes o practicas sexo. Retribuye o gratifica este comportamiento con sentimientos positivos que te hacen querer repetir el comportamiento una y otra vez. Las drogas estimulan el centro de refuerzo de forma similar a la comida, la bebida o el sexo.

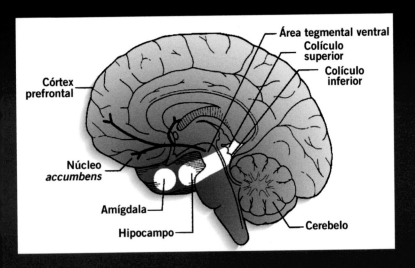

SISTEMA DE RECOMPENSA

- Área tegmental ventral
- Colículo superior
- Colículo inferior
- Córtex prefrontal
- Núcleo *accumbens*
- Amígdala
- Hipocampo
- Cerebelo

CONDUCTA ⟶ **PLACER** ⟶ **CONDUCTA**

La drogodependencia: una enfermedad del cerebro

Con lo que hemos explicado hasta ahora fácilmente podemos comprender que la drogodependencia es una enfermedad que afecta al sistema nervioso. La introducción en nuestro organismo de las distintas drogas, por cualquiera de las formas de administración o consumo, se ve acompañada de unos cambios en el funcionamiento de nuestro cerebro que pueden llegar a determinar alteraciones o consecuencias limitadas en el tiempo y que podríamos denominar efectos agudos. En otros casos, las alteraciones producidas van a derivar en daños más importantes que incluso suponen transformaciones importantes en el funcionamiento del cerebro y que determinan la aparición de la enfermedad que denominamos drogodependencia.

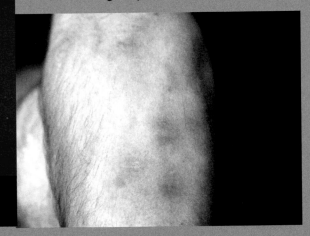

Uso, abuso y dependencia de las drogas

En relación con la frecuencia de consumo y la forma en que una persona llega a establecer una relación con las drogas podemos hablar de tres tipos de consumidores claramente diferenciados, sobre todo si valoramos las posibles consecuencias de las distintas sustancias:

Uso

En principio sería la forma menos perjudicial de consumo. Hace referencia a aquellas personas que consumen drogas en pocas ocasiones y en cantidades (dosis) pequeñas.

Claro que es preciso tener en cuenta otras variables, además de la frecuencia de consumo y la cantidad de droga, para definir los posibles riesgos, ya que no siempre los posibles daños vienen condicionados sólo por estas dos variables. Además, habrá que tener en cuenta otras circunstancias personales (estado de salud física o psíquica, tratamientos farmacológicos simultáneos, etc.) o sociales (por ejemplo, tipo de trabajo).

Se entiende bien que para una persona que padece asma cualquier consumo de cigarrillos, por muy ocasional que éste sea, supone un grave riesgo. Del mismo modo, el consumo de cannabis para una persona que pilota un avión de líneas comerciales, aún en pequeñas dosis, durante su trabajo, expone a graves riesgos a todo el pasaje. A mayores habría que considerar también la propia sustancia.

El potencial adictivo (capacidad para generar dependencia) es mayor para unas que para otras y aún consumiéndolas en pocas ocasiones puede existir el riesgo de iniciar un proceso de dependencia.

Abuso

Se refiere a una relación con las drogas en la que existen perjuicios o daños derivados del consumo para el consumidor y/o su entorno. De nuevo en este caso la frecuencia de consumo y las cantidades consumidas van a tener mucha importancia. Así, por ejemplo, tomar un vaso de vino con las comidas todos los días en principio no se considerará arriesgado, sin embargo, el consumo de una cantidad elevada de alcohol (por ejemplo, un litro de vino, varias copas de ginebra, etc.) aún en una sola ocasión es peligroso. Del mismo modo, el consumo, si se ha de conducir o manejar má-quinas, puede provocar accidentes con graves consecuencias.

Antes señalábamos situaciones en las que incluso pequeñas cantidades de las distintas drogas siempre pueden provocar consecuencias negativas y por tanto habrán de considerarse abuso.

Un trabajador de una central nuclear que realice un consumo de drogas que afecte a su sentido de la realidad obviamente se convierte en un grave riesgo para toda la sociedad, por ello también hablaríamos de una situación de abuso aunque el consumo se realizase en una sola ocasión.

U.D.E.V.

CUERPO NACIONAL DE
POLICIA

OPERACIÓN BOLICHE   OPERACIÓN BOLICHE

346 GRAMOS
DE COCAINA

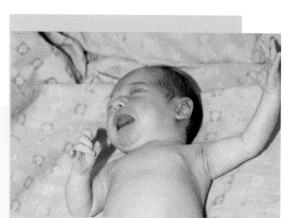

▶▶▶ **Tal es el caso del consumo durante el embarazo o por parte de una persona que padezca enfermedades que puedan verse agravadas aún por dosis pequeñas u ocasionales.**

▶▶▶ **En definitiva habremos de tener siempre muy claro que distinguir entre uso y abuso supone conocer bien, además de las formas de consumo, también el contexto personal y social en cada caso.**

Dependencia

Es el modo de relación que llega a establecerse entre un sujeto y las drogas en la que alguna de ellas pasa a convertirse en el eje principal de su vida. De este modo, se antepone el uso de una sustancia frente a otras conductas consideradas antes como más importantes (trabajar, divertirse, relacionarse con otras personas, etc.). Quienes llegan a esta situación dedicarán la mayor parte de su tiempo a pensar en el consumo de drogas y casi todos sus esfuerzos estarán dirigidos a obtenerlas y consumirlas. La mayor parte de su vida girará en torno a las drogas perdiendo la libertad para poder elegir si se consumen o no.

Podemos hablar de dos formas de dependencia que representan distintas consecuencias en relación con el consumo de drogas:

DEPENDENCIA FÍSICA

Es una situación muy relacionada con la tolerancia farmacológica.

Esta última se refiere a la necesidad progresiva de aumentar la cantidad de drogas consumidas para obtener los mismos efectos cuando se reitera el consumo de las mismas.

La tolerancia de la droga puede desarrollarse en formas diferentes. Pueden ocurrir cambios en el metabolismo (el hígado asimila más rápido ciertas sustancias) o en el cerebro.

Dicho de otra manera, el cuerpo se ha habituado a la presencia de la droga en cuestión, de manera que necesita mantener un determinado nivel en la sangre para funcionar con normalidad.

Cuando este nivel desciende por debajo de cierto límite aparecen distintas molestias o síntomas físicos que son los que configuran lo que llamamos síndrome de abstinencia (con distintas características según las diferentes sustancias).

Los síntomas de éste último pueden ser de tal calibre y tan difíciles de tolerar, condicionando que quien las sufre intente a toda costa consumir drogas de nuevo, aún a sabiendas de las negativas consecuencias del consumo o de las derivadas de las conductas llevadas a cabo para poder conseguirlas.

▶▶▶ **La repetición del consumo puede inhibir la comunicación entre neuronas al evitar la liberación de distintos neurotransmisores, también puede reducirse el número de receptores en los que estos últimos realizan sus funciones y entonces es preciso tomar más drogas para alcanzar el efecto original.**

El ejemplo del alcohol, una de las drogas legales más consumidas, nos puede servir para entender fácilmente cómo se produce la tolerancia farmacológica y llega a desarrollarse dependencia física.

En los primeros consumos, aún con dosis muy bajas, el alcohol perturba notablemente nuestro sistema nervioso, nuestro cerebro, de forma que nos afecta de forma importante y podemos llegar a marearnos, realizar gestos de forma torpe, etc.

▶▶▶ Sin embargo, si el consumo se hace habitual, el cuerpo se va adaptando y cada vez serán necesarias cantidades más elevadas de alcohol para que lleguemos a percibir estos efectos negativos. En pocas palabras "aguantaremos más".

Pues bien, contrariamente a lo que muchos piensan, esa capacidad de resistencia es un signo de alarma de que el alcohol ya ha producido cambios en nuestro cuerpo y hemos desarrollado tolerancia al mismo, y de que podemos estar en condiciones de desarrollar dependencia física.

Al igual que la tolerancia a las drogas se adquiere con el consumo reiterado, también se pierde cuando éste se interrumpe o se disminuyen considerablemente las cantidades consumidas.

Ésta es la razón por la que algunas personas que reanudan los consumos después de un tiempo de disminución/supresión de los mismos por razones diversas (tratamiento, trabajo, enfermedad, etc.) sufren intoxicaciones importantes.

▶▶▶ Es bien conocido en nuestra comunidad lo que sucede con personas que por razón de su trabajo en alta mar se embarcan durante cierto tiempo y dejan de consumir por ello. A su regreso, el consumo de drogas en cantidades similares al que realizaban antes de embarcar motiva la aparición de graves intoxicaciones (sobredosis) que incluso les llegan a costar la vida.

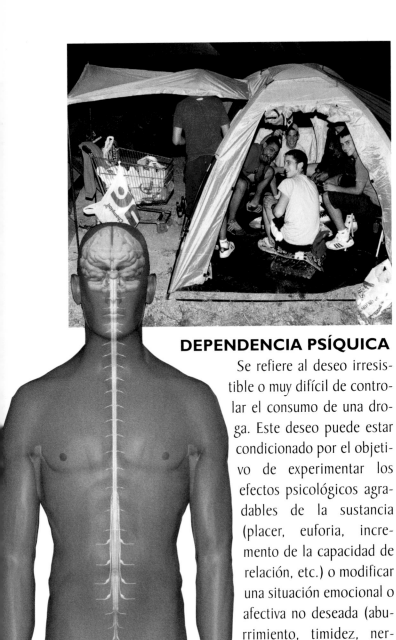

DEPENDENCIA PSÍQUICA

Se refiere al deseo irresistible o muy difícil de controlar el consumo de una droga. Este deseo puede estar condicionado por el objetivo de experimentar los efectos psicológicos agradables de la sustancia (placer, euforia, incremento de la capacidad de relación, etc.) o modificar una situación emocional o afectiva no deseada (aburrimiento, timidez, nerviosismo, etc...).

▶▶▶ El fumador que espera en la sala de hospital con el cigarrillo en la mano las noticias que el médico le va a dar ejemplifica claramente la utilización del tabaco como "relajante" y da cuenta de la dependencia psicológica adquirida. Determinados gestos en determinados momentos del día necesitan realizarse con la presencia de un pitillo entre los dedos, a veces incluso aunque éste se consuma solo.

Clasificando las drogas

Clasificar no es más que ordenar atendiendo a características comunes compartidas por distintos objetos, sujetos o, como sucede en el caso que nos ocupa, distintas sustancias.

Las drogas se pueden ordenar de muchas formas. Atendiendo a su origen (naturales o artificiales), forma de consumo (orales, inyectadas, inhaladas, etc.), situación con respecto a la ley (legales o ilegales).

La forma de clasificación más utilizada precisamente por sus consecuencias prácticas en relación con los efectos que pueden producir es la denominada "clasificación farmacológica".

WE OPEN THE CUP

Cocaine, black market and drug use

De este modo, partiendo de que todas las drogas comparten una característica, su capacidad para afectar al Sistema Nervioso Central (SNC), llamada psicoactividad, podemos hablar de tres tipos de sustancias según atenúen o inhiban las funciones cerebrales (depresoras), las estimulen (estimulantes) o claramente las perturben afectando incluso a la percepción de la realidad (perturbadoras).

A continuación veremos algunos ejemplos para cada tipo de drogas según la anterior clasificación:

Drogas depresoras

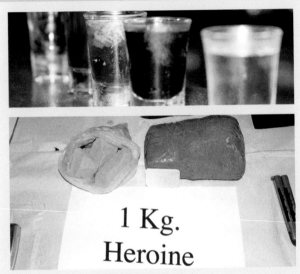

1 Kg. Heroine

▶ Tienen en común su capacidad para entorpecer el funcionamiento habitual del cerebro al deprimir la actividad neuronal, provocando reacciones que pueden ir desde la desinhibición hasta el coma. Efectos iniciales de cierta euforia o tranquilización pueden ir seguidos, en función de las cantidades de drogas consumidas, de una gran sedación, importante depresión cerebral e incluso coma. Entre las drogas depresoras más utilizadas están las que siguen:
- Alcohol
- Benzodiacepinas
(tranquilizantes o hipnóticos)
- Opiáceos
(heroína, morfina, metadona, etc.)…

Drogas estimulantes

▶ La acción que ejercen estas drogas corresponde a un fenómeno de excitación sobre las neuronas de forma que aceleran el funcionamiento habitual del cerebro, provocando un estado de activación de mayor o menor intensidad. Así podrán producir desde ligero nerviosismo o dificultad para dormir (insomnio) hasta una gran ansiedad o inquietud, incremento general de la actividad, afectación cardiaca, etc.:

- Nicotina
- Cafeína
- Cocaína
- Anfetaminas
- …

Drogas perturbadoras

▶ Trastocan el funcionamiento del cerebro con diferente intensidad o gravedad. Sus efectos pueden ir desde leves alteraciones en la percepción de la realidad hasta una modificación profunda de la misma, dando lugar a distorsiones perceptivas, alucinaciones, etc.:

- Cannabis (marihuana e hachís),
- Drogas de sintéticas
  (*éxtasis*, ketamina, GHB, etc.)
- LSD
- Hongos alucinógenios
  (mescalina, etc.).

Daños para la salud asociados al consumo de drogas

Es muy importante dejar muy claro ya desde un primer momento que la consideración social o legal de las drogas nada tiene que ver con su peligrosidad o capacidad de producir daños para nuestra salud.

50 en relación con el consumo de tabaco o alcohol. Tan sólo en algún país como España mueren cada año unas 50.000 personas por enfermedades relacionadas con el consumo de tabaco y más de 10.000 también pierden la vida en relación con el consumo de alcohol.

Los datos anteriormente expuestos nos confirman que, contrariamente a lo que piensa la gente (percepción social existente), el consumo de drogas legales como el tabaco o el alcohol causa muchos más daños para la salud pública que los producidos por drogas ilegales como la heroína o la cocaína.

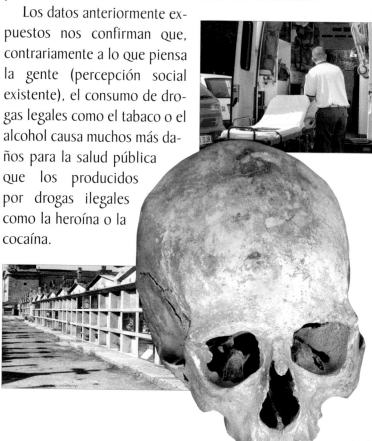

Dicho de otra manera, que una droga sea legal o no, no se relaciona, a efectos prácticos, con que su consumo sea más o menos arriesgado para la salud pública. De hecho, en Europa Occidental se calcula que para cada persona que fallece en relación con el consumo de drogas ilegales, al menos fallecen otras

Los daños pueden relacionarse con los efectos directos de las distintas sustancias, con las formas de consumo o con otros factores de tipo personal. Finalmente, las personas que consumen drogas con frecuencia y llegan a convertirse en enfermos drogodependientes también van a padecer algunos trastornos o daños relacionados con su particular estilo de vida.

Es preciso señalar que las drogas ilegales presentan un riesgo añadido ya que, entre otras razones, por tratarse de sustancias no controladas sanitariamente, presentan una importante cantidad de adulteraciones de modo que cuando se compran nunca se tiene la seguridad de lo que realmente se está adquiriendo y eso puede entrañar distintos tipos de riesgos.

▶▶▶ La percepción que alguien tiene sobre los posibles daños que una droga puede ocasionar es uno de los factores que interviene de forma más poderosa en su uso. Esto lo podemos observar claramente hoy en día con el cannabis. Muchos jóvenes creen que esta droga no tiene efectos negativos y eso condiciona en gran medida que sean muchos los adolescentes que se inicien en su uso. Sin embargo, el cannabis sí puede producir daños para la salud, por ejemplo afectando a la memoria o a la coordinación. A mayores, cada vez son más los consumidores de cannabis que empiezan a percibir una gran dependencia psicológica de esta sustancia y tienen grandes dificultades a consecuencia de ello. Podemos ordenar o clasificar de muchas formas los problemas para la salud debidos al uso de drogas. A continuación describimos algunos de los más importantes:

A Daños relacionados con el consumo agudo y crónico

Los daños que las drogas provocan pueden deberse a un consumo elevado en un breve período de tiempo o a un consumo reiterado en muchas ocasiones. Si ponemos como ejemplo al alcohol, podemos observar como el consumo de grandes cantidades de alcohol en el espacio de unas pocas horas puede provocar intoxicaciones graves, que incluso pueden determinar la aparición de un coma etílico (daño cerebral muy grave) con posibilidad de provocar la muerte.

De igual modo, el consumo de alcohol en cantidades superiores a las que nuestro organismo puede eliminar sin riesgo, de forma continuada, puede provocar distintas enfermedades (daños en el hígado, el corazón, etc.).

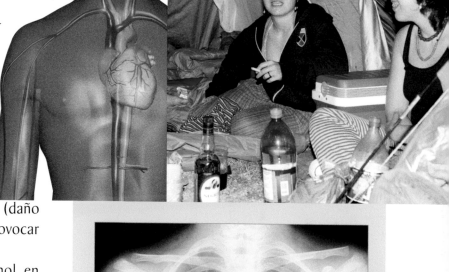

▶▶▶ Uno de los ejemplos más claros de daños relacionados con el consumo prolongado o crónico es el que podemos observar para el tabaco que, cuando se realiza por muchos años, puede llegar a condicionar la aparición de distintos tipos de cáncer, enfermedades respiratorias, del corazón, etc.

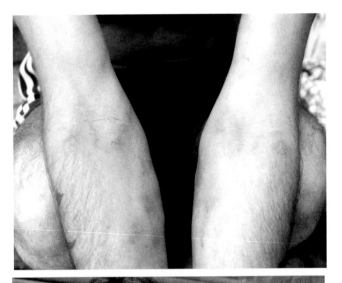

B Daños relacionados con la forma de consumo

Antes ya hemos hecho referencia a que las formas o vías de consumo entrañan distintos riesgos todas ellas. En particular hemos de destacar los riesgos asociados al consumo de drogas cuando se inyectan.

Esta forma de consumo facilita de modo especial la entrada en el organismo, de forma directa a través de la sangre, de distintos elementos patógenos (virus, bacterias, etc.) que pueden producir distintos tipos de enfermedades, fundamentalmente de tipo infeccioso. Así, entre los consumidores de drogas por vía inyectada es mucho más frecuente la presencia de enfermedades como infecciones del hígado (hepatitis) u otras graves enfermedades como el Síndrome de Inmunodeficiencia Adquirida (SIDA).

C Daños asociados al estilo de vida del drogodependiente

Es bien conocido que, cuando una persona llega a enfermar por culpa de las drogas, éstas pasan a convertirse en el objetivo central de su vida descuidando aspectos importantes como la higiene, la alimentación, etc. Todo ello suele determinar distintos tipos de daños para la salud.

D Daños relacionados con conductas de riesgo

Algunos de los daños que las drogas provocan están relacionados con su capacidad para afectar a nuestro cerebro y muy en concreto a la toma de decisiones para anticipar las consecuencias negativas en relación con determinadas conductas arriesgadas. Por ejemplo, en la actualidad la mayor parte de los jóvenes conocen los riesgos de un encuentro sexual sin la debida protección (uso de condón o preservativo), de modo que, en condiciones de lucidez, evitarían una situación de riesgo en relación con este tipo de comportamientos arriesgados.

▶▶▶ Otro ejemplo relacionado con los efectos de las drogas en relación con determinadas conductas de riesgo sería la relativa a los accidentes de tráfico tras salidas nocturnas. La mayoría de los jóvenes en situación de sobriedad o lucidez no subirían a un vehículo conducido por una persona que hubiese bebido en exceso, sin embargo, si han bebido demasiado valoran en menor medida las posibilidades de que pueda ocurrir un accidente y se pueden ver involucrados en éstos con graves consecuencias.

▶▶▶ Sin embargo, bajo los efectos del alcohol u otras drogas que provoquen cierto grado de desinhibición conductual, algunas personas pueden llegar a mantener relaciones sexuales sin protección, con graves consecuencias como un embarazo no deseado o el contagio/transmisión de distintas enfermedades tales como el SIDA.

E Daños por el uso simultáneo de varias drogas

Es el caso cada vez más habitual de personas que fallecen por mezclar distintas drogas que potencian sus efectos negativos en el cerebro y pueden provocar lo que vulgarmente se conoce como sobredosis.

Ya hemos mencionado que, lógicamente, los posibles daños para la salud están relacionados con las cantidades de drogas consumidas y con la frecuencia en que se consumen.

Es importante resaltar además que el uso combinado de varias drogas multiplica los riesgos para la salud pudiendo llegar incluso a comprometerla seriamente.

F Capacidad para producir drogodependencia

Esta drogodependencia es, como antes se explicó, la consecuencia de los daños que las drogas provocan en el cerebro y que van a condicionar a su vez muchos otros daños en otras partes del organismo y en otras áreas de la vida del drogodependiente y su entorno.

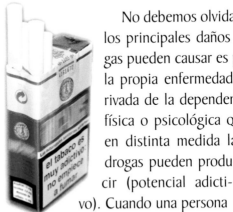

No debemos olvidar que uno de los principales daños que las drogas pueden causar es precisamente la propia enfermedad derivada de la dependencia física o psicológica que en distinta medida las drogas pueden producir (potencial adictivo). Cuando una persona llega a hacerse drogodependiente lógicamente multiplica los posibles daños derivados de la repetición del consumo y de otras variables relacionadas con el mismo.

Las drogas y la Ley

Las consecuencias del consumo de drogas también han de valorarse en el ámbito de la Justicia ya que en muchos países la legislación prohíbe el consumo de las denominadas drogas ilegales (cannabis, heroína, cocaína, etc.) o el abandono de los instrumentos relacionados con el consumo (jeringuillas, etc.) y lo sanciona con distintas penas o con multas de variada cuantía.

Es cada vez mayor la tendencia, en numerosos países, para que las leyes favorezcan que las personas que son juzgadas en relación con el uso de drogas puedan sustituir el pago de multas o penas de prisión por la realización de tratamientos dirigidos al abandono del consumo.

La prohibición sobre el cultivo, la elaboración o el tráfico de drogas es universal y se penaliza especial-

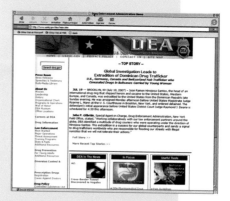

mente en muchos países la venta o promoción del consumo entre menores y en centros escolares. Incluso en muchos lugares esta prohibición afecta a la venta de alcohol y tabaco a menores de edad, aunque la ley marca distintos límites de edad según las legislaciones de los diferentes países.

Conducir bajo los efectos de bebidas alcohólicas o de drogas ilegales es castigado por el Código Penal de muchos países con medidas que pueden ir desde una multa hasta el ingreso en la cárcel.

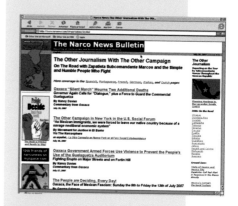

Tratamiento de la drogodependencia

La drogodependencia es una enfermedad y como tal necesita un tratamiento adecuado. Hablamos de un trastorno que requiere un complejo abordaje, en el que van a intervenir distintos especialistas (psiquiatras, psicólogos, personal de enfermería, trabajadores sociales, etc.) y que debería llevarse a cabo en centros especializados, ya sea en modalidad ambulatoria, hospitalaria o residencial.

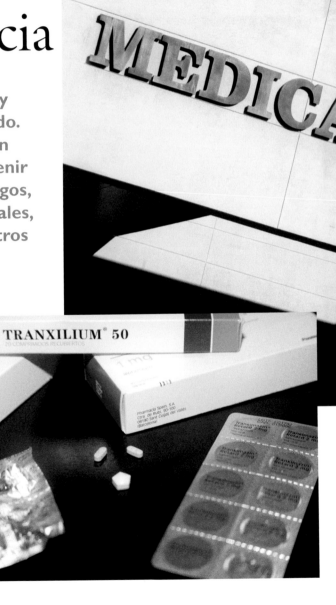

Dejar las drogas es posible como también lo es tratar muchas de las complicaciones derivadas de su consumo. Como sucede con otras enfermedades, la iniciación del tratamiento cuanto antes evitará mayores complicaciones y favorecerá la recuperación. Solicitar ayuda profesional cuanto antes, una vez detectado un problema con las drogas, contribuirá a que el tratamiento sea más fácil y finalice con éxito. También de este modo se reducirán los posibles daños o secuelas permanentes en relación con el consumo.

En todo caso las realidades locales son

▶▶▶ Para pedir atención en la mayor parte de los centros especializados basta con solicitarlo directamente a través de llamada telefónica o acudiendo personalmente. Muchos Servicios Sociales o profesionales de los Centros de Atención Primaria de la mayoría de los países ofrecen información sobre las direcciones a las que dirigirse para poder acceder a este tipo de recursos sanitarios. Como para otras dudas que tengamos en Internet se puede acceder a las relaciones de los centros de tratamiento existentes con sus direcciones y teléfonos.

muy diversas y mientras en algunos lugares del mundo las redes sanitarias para la atención a los drogodependientes están muy desarrolladas y son de uso gratuito, en otros países las limitaciones son mucho mayores y los centros especializados son escasos o el acceso al tratamiento supone un coste económico variable.

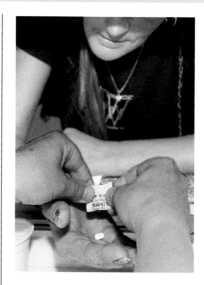

Para prevenir los daños causados por las drogas

Parece casi innecesario decir que la mejor forma de prevenir los daños asociados al consumo de drogas es no llegar a utilizarlas nunca.

Lamentablemente esto no será así en muchos casos, ya que las drogas están muy presentes en la sociedad actual. Por eso debemos tener además presentes otros consejos para evitar que las drogas lleguen a afectarnos negativamente o lo hagan en la menor medida posible.

MEZCLAR SUSTANCIAS... MUEVE AMBULANCIAS

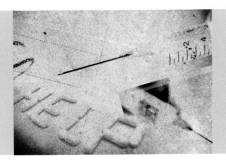

▶▶▶ Poseer una información veraz sobre los efectos y los riesgos reales que provocan las drogas, cuestionando y contrastando los tópicos que circulan sobre ellas será una de las premisas básicas para que podamos dirigir nuestra conducta en uno u otro sentido y realicemos las elecciones que consideremos oportunas cuando proceda.

Es muy importante mantener una actitud crítica frente a aquellos que nos incitan a consumir drogas y defender nuestro derecho a ser libres para elegir.

Da igual que las presiones vengan de los que obtienen beneficios a través del consumo (empresas productoras de drogas legales o traficantes de drogas ilegales) o de personas que consumen. En todos los casos hemos de mantener una postura firme exigiendo que se respeten nuestras opiniones y nuestro derecho a gozar de una buena salud. Con los amigos esto es especialmente importante, poco nos puede apreciar alguien cuando nos incita a realizar una conducta con la que no estamos de acuerdo o

asi como el
abaco fue-
la coca
en gran
larga
entre
uropa
coac-
e el
o era
culti-
que
del
garon
ciables
para su
ue Albert

que nos puede causar algún ti-po de daños. Si de verdad al-guien nos respeta debería empezar por tener en cuenta nuestra opinión en relación con las drogas.

▶▶▶ Es posible divertirse sin drogas y mucha gente lo hace, ¿por qué no intentarlo? Son muchas las actividades de esparcimiento o diversión que se pueden realizar sin que las drogas estén presentes. No es cierto que para divertirse sea necesario drogarse.

Por último, es imprescindible ante la decisión de consumir drogas, intentar retrasar hasta donde sea posible los primeros contactos con las mismas y si se realizan consumos intentar que éstos sean lo menos arriesgados posible. Con el consumo de drogas ilegales nunca existe un consumo seguro y con las drogas legales la mayor seguridad la podemos obtener si evitamos consumir elevadas cantidades en poco tiempo o rehusamos realizar los consumos de forma habitual o en circunstancias individuales o sociales de especial riesgo. Tener siempre presente que el consumo simultáneo o mezcla de varias drogas multiplica los riesgos nos ayudará a evitar mayores complicaciones asociadas por esta causa.

Direcciones útiles

Direcciones de páginas web útiles para conocer más sobre las drogas:

http://www.sergas.es/default.asp

En la web del Servicio Gallego de Salud se pueden consultar las direcciones de los centros asistenciales de drogodependencias así como otros temas de interés.

http://www.sindrogas.es/

Página de la Delegación del Gobierno para el Plan Nacional Sobre Drogas con información dirigida a los jóvenes.

http://www.ieanet.com/kids/

Documentación y recursos de ayuda para la prevención del consumo de drogas.

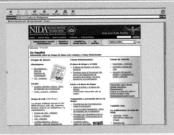

http://www.drugabuse.gov/NIDAEspanol.html

Web del Instituto Nacional sobre el Abuso de Drogas de los Estados Unidos. Contiene muchísima información actualizada en relación con las distintas drogas.

http://www.fad.es/

La Fundación de Ayuda contra la Drogadicción proporciona a través de su página Web información de gran interés en relación con las drogas.

▶ **http://kidshealth.org/teen/en_espanol/drogas/know_about_drugs_esp.html**

Web de la Fundación Nemours que contiene interesante información para adolescentes. Una abundante documentación sobre drogas y otros temas relacionados con la salud de los jóvenes puede ser consultada.

▶ **http://www.metropoli.info/**

Interesante Web en la que podemos conocer información sobre las distintas drogas e incluso medir nuestros conocimientos sobre las distintas sustancias.

▶ **http://www.controlaclub.com/indexflash.htm**

Información sobre las drogas, eventos alternativos al consumo, etc., promovida desde la Comunidad Valenciana.

▶ **http://www.site-b.org/index.html**

Información sobre drogas, sexo y alternativas de ocio.

▶ **http://www.osasunekintza.org/drogas/index.html**

Práctica información interactiva en relación con las drogas, la reducción de los daños asociados al consumo, el tratamiento, etc.

Este libro, que forma parte de la colección SABER PARA VIVIR, acabó de imprimirse en los talleres de Diumaró en septiembre de 2007.